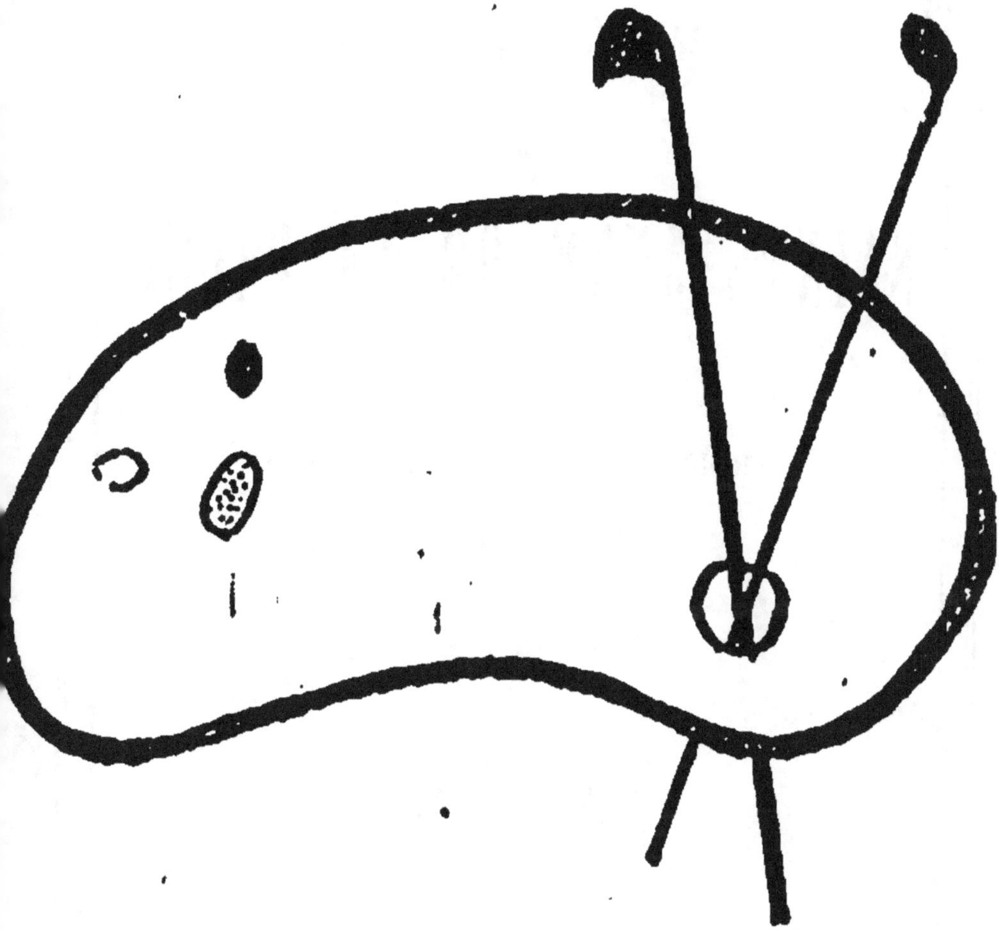

DEBUT D'UNE SERIE DE DOCUMENTS
EN COULEUR

LE PÈLERINAGE

DE

SAINTE-ANNE DE LA PALUE

EN LA

PAROISSE DE PLONÉVEZ-PORZAY

(FINISTÈRE)

QUIMPER

TYPOGRAPHIE AR. DE KERANGAL

IMPRIMEUR DE L'ÉVÊCHÉ

1897

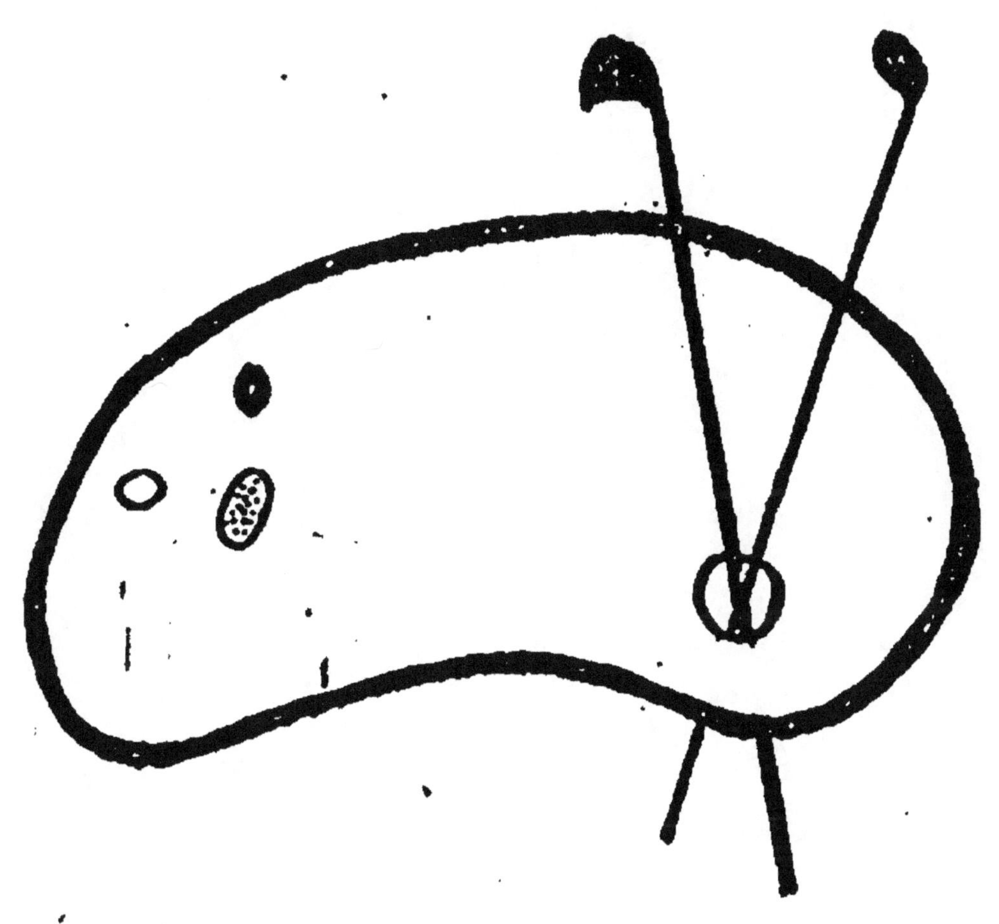

FIN D'UNE SERIE DE DOCUMENTS
EN COULEUR

NOTE

En écrivant cette notice sur Sainte-Anne de la Palue, nous avons voulu combler une lacune dans l'histoire de nos pèlerinages. Autant par son antiquité que par le concours de fidèles, le pardon en vaut la peine.

Nous avons largement profité des savants travaux du docteur Halléguen, qui a si bien étudié ce pays de Porzay, dont les dénominations sont diverses. Dès le treizième siècle, au Cartulaire de Quimper (1242), il est appelé Plebs nova in portu, ou Plebs nova in Porhoit, quelquefois Plonevoth. En 1518, nous trouvons l'orthographe Plebs nemorensis in portu ; un bénitier en bronze du dix-septième siècle, conservé à l'église paroissiale, porte Plounevot-Porzic ; dans le langage usuel, on dit toujours Plonevez-Porzic. Ce sont autant de noms divers pour désigner un même endroit. Quel est ce portus dont il est question ? Évidemment, la baie de Douarnenez, qui n'est autre que le Vedana Portus de Ptolémée. C'est l'avis de M. Halléguen, et il concorde bien avec les indications de Pierre Le Baud.

Une autre source de renseignements nous a été fournie par les travaux érudits et les patientes recherches de M. Pouchoux, ancien recteur de Plonévez. Il a reconstitué les archives paroissiales. En ce qui concerne l'époque de la Révolution, nous n'avons fait que transcrire les notes manuscrites de M. Guizouarn, ancien curé d'Elliant, originaire de Plonévez-Porzay, et de M. Guichoux, géomètre, originaire de Douarnenez. Ils ont connu l'un et l'autre tous les principaux acteurs dans ce triste drame de la Révolution.

Notre travail a consisté à coordonner ces documents et à en rendre la connaissance plus facile au lecteur.

Nous devons déclarer que nous n'attribuons aux miracles cités par nous d'autre authenticité que celle du guerz où ils sont contenus.

LE PÈLERINAGE

DE

SAINTE-ANNE DE LA PALUE

EN LA

PAROISSE DE PLONÉVEZ-PORZAY

(FINISTÈRE)

QUIMPER

TYPOGRAPHIE AR. DE KERANGAL

IMPRIMEUR DE L'ÉVÊCHÉ

1897

LE PÈLERINAGE

DE

SAINTE-ANNE DE LA PALUE

I

Il existe, au pays de Bretagne, de nombreux pèlerinages de Sainte-Anne ; parmi ces pèlerinages, il en est un célèbre entre tous, c'est celui de Sainte-Anne d'Auray. Son histoire est connue. Là sont venus les peuples et les princes, et l'histoire de France et de Bretagne s'honore de pages très belles, pleines du récit des hauts faits et prouesses des pèlerins de Sainte-Anne.

La parole de l'Esprit-Saint se vérifie en ce sanctuaire d'une manière sensible : « C'est la Cité de Dieu assise sur les saintes montagnes au lieu que le Seigneur a désigné dans son amour, et la postérité racontera de génération en génération les actions glorieuses de ceux qui l'ont visitée. »

Le sanctuaire de Sainte-Anne d'Auray est plus particulièrement le pèlerinage du haut pays d'Armor.

A l'autre extrémité de la Basse-Bretagne, au bord de la magnifique baie de Douarnenez, un autre pèlerinage est fréquenté et remarquable, autant par son antiquité que par les foules nombreuses qui le visitent et les faveurs qu'on y obtient. Son histoire est moins connue, et cependant elle nous paraît importante au point de vue de la connaissance du culte de sainte Anne, en Bretagne : c'est le pèlerinage de Sainte-Anne de la Palue, nommé encore autrefois Sainte-Anne de l'Armor ou Sainte-Anne du Porzic, à cause de sa situation au fond de l'anse ou petit port de Tréfuntec, qui a donné en partie son nom au pays et à la paroisse de Plonévez-Porzay, dont dépend la chapelle. Faisons remarquer en passant que le nom latin de Plonévez-Porzay dans les anciens actes s'écrit : « *Plebs Nemorensis in portu.* »

« Qui n'a pas été à Sainte-Anne de la Palue, n'a pas vu de dévotion », dit un proverbe cornouaillais, et véritablement, on ne voit nulle part ailleurs un pardon aussi essentiellement breton et pieux que l'est celui dont nous parlons. Là, ce n'est plus l'élite de cette société riche que l'on rencontre à Sainte-Anne d'Auray, c'est l'élite de la foi. Ce n'est pas un pèlerinage d'abord facile : le chemin de fer n'y débarque point ses voyageurs ; seuls quelques bateaux, profitant d'une marée favorable, peuvent y déposer leurs passagers. Cela n'empêche pas la foule d'arriver. Les souliers ferrés attachés sur l'épaule, son bâton d'une main, son chapelet de l'autre, vous y voyez accourir le paysan de la Cornouaille, au costume curieux et varié. Du bord de l'Océan s'avance, avec sa vareuse sous le bras, le marin que sainte Anne a sauvé du naufrage, et qui s'agenouille, baise la terre et salue de loin sa patronne, dès qu'il aperçoit la croix du clocher.

Parfois, sur le sol béni de la Palue, des oisifs viennent s'égarer. On sent aisément à la vue de ces étrangers, combien la foi des Bretons les étonne. Ils sont là comme stupéfaits, devant ces laboureurs, ces ouvriers, ces matelots venus de dix ou douze lieues, à pied, et qui, oublieux de leurs fatigues, passent à l'arrivée, des heures entières prosternés et priant sur la dalle, ou bien font sur leurs genoux jusqu'à trois fois le tour de la chapelle. Quel accord a réuni ces masses ? L'accord de la reconnaissance. Sans entente aucune, sans annonce, chaque année, au dernier dimanche d'Août, les pèlerins abondent par milliers de tous les points de l'horizon : « *Patres nostri annuntiaverunt nobis*, nos pères nous l'ont annoncé » ; et avec la tradition de bénédiction se perpétue la chaîne d'or de la reconnaissance, et depuis des siècles il en est ainsi.

Quelle est la date précise de la fondation de la chapelle de Sainte-Anne de la Palue ? Comme tous les vieux sanctuaires, elle a sa légende qui a précédé son histoire certaine et indiscutable.

Une vieille tradition du pays de Plonévez-Porzay raconte que Grallon-Meur, après avoir vu submerger sa ville d'Is, se repentit de sa négligence à l'égard de ses enfants ; pour expier sa faute, il donna Landévennec à son compagnon, le grand saint Guénolé, et son palais de Quimper à saint Corentin. Mais, entre les deux il donna Rumengol à *Notre-Dame Marie*, et la Palue à *sa bonne Mère sainte Anne*, faisant ainsi deux parts de ses aumônes, l'une pour les saints de ce monde, l'autre pour les saints du paradis. La légende ajoute que, du temps où le *petit* Corentin était évêque de Quimper, il y avait grand pardon à Sainte-Anne. Quelle valeur historique peut avoir cette légende ? Peut-elle s'appuyer sur quelques faits ? Nous croyons pouvoir dire avec certitude qu'il serait téméraire de la rejeter.

Il est un fait certain, c'est que le culte de sainte Anne est très ancien en Bretagne. Il y est aussi ancien que la connaissance de l'Évangile. Or, si nous en croyons Pierre Le Baud, l'aumônier et l'historien chargé par la duchesse Anne, devenue reine de France, mais dont le cœur était resté dans sa « doulce vieille Bretagne », d'écrire l'histoire de toutes les mouvances de son pays d'origine : « toute cette région d'Armorique, par la prédication des neveux

Joseph d'Arimathie, qui preschèrent la foi de Jésus-Christ par Austrie, la dite Armorique et la Grande-Bretagne, fut convertie au tems du Pape Eleuthère. » (Ch. I, p. 16.)

Ce témoignage de Pierre Le Baud, dont la véracité ne peut être soupçonnée, est précieux à recueillir. Il nous prouve, en effet, que le christianisme est bien plus ancien en notre pays que ne veulent bien le dire quelques-uns. Pierre Le Baud avait sous la main une foule de documents que nous ne possédons plus, et il déclare que « pour obvier aux émulateurs, dont je suis seur que plusieurs seront de prime face currieusement encquerrants, desquels des dessusdits volumes ystoriaulx je nouvel escripvain ay prins et extraict ce livre. Je les ai nommez es endroits de leurs rapports ; non pas partout, car plusieurs choses y sont senties, dont les noms des escripvains sont incogneus. Mais je n'y ai riens mis ne adjousté, que je n'aye trouvé en escript notable, et que je ne croye contenir vérité. »

Voilà, certes, un témoin qui a qualité pour écrire. Maintenant, écoutons-le préciser l'endroit où se trouve encore la chapelle de la Palue, au pays des Corisopites, « et est à présent la région en vulgal appellée Cornouaille ; car combien que selon les provinciaux Romains elle soit en latin nommée *Corisopitum* toutefois l'appellent plusieurs *Cornugallia*, pour ce qu'elle fait la corne ou la cornière de Gaule, dont il est à noter que ès fins d'elle se fourche le promontoire *Gobæum* en deux monts appelés l'un Menethum et l'autre Ménénémet qui s'abaissent en s'approchant de l'Océan, où ils s'avancent plus que les autres terres en manière de cornes ou de cornières. »

« Et fut anciennement, selon la renommée, la cité des Curiosolites, appelée Ys, qui était située entre lesdits monts sur la rive de la mer, qui retient encore ce nom de Ys, en laquelle cité qu'on dit avoir été submergée par les flots en l'Océan au temps de Grallon second roi breton d'Armorique, estait l'apport des richesses et autres délices vénales qui étaient apportées en Armorique des estranges régions, car pourtant qu'aux habitants d'elle seulement était cognu l'usage de transnager le Raz, les forains y descendaient leurs marchandises dont elle estait plus fréquentée et habitée, et de si grand amplitude et authorité que jaçoit ce que les historiens galliques ayent dit le nom de la cité de Paris avoir été imposée en mémoire de Paris, fils du roi Priam de Troye, ou de la déesse Isis qui anciennement y fut honorée, les Corisopitenses se vantent ledit nom de Paris luy avoir été attribué, comme pareille à Ys.

« Après la submersion de laquelle ledit Grallon donna à saint Corentin, qui fut en son tems évêque de Corisopitenses, son palais appelé Kemper avec la terre adjacente selon l'histoire de luy, auquel depuis a été et est le siège épiscopal, et la cité desdits Corisopitenses, qui des noms du palais et de l'évesque est jusques ici appelée Kempercorentin. » (C. I, p. 14, 15.)

Qu'on nous permette quelques observations sur ce texte de Pierre Le Baud. On y remarquera qu'il fixe le promontoire Gobæum entre le Ménéhom et le mont Névet, aujourd'hui montagne de Locronan, et la mer : ses trois témoins n'ont point changé de place.

Il y affirme l'existence de la ville d'Is à l'extrémité du promontoire Gobæum. Pourquoi pas ? Le seul auteur ancien qui cite le nom de la ville d'Is est l'anonyme de Ravenne, et il la place dans les Palues de la Bretagne (*Brittanniæ in paludibus*). D'autre part, il y a aujourd'hui encore, sur les palues de Sainte-Anne, un village dont le nom, dans les archives de Plonévez, s'écrit : « Le chemin du faubourg de la ville (*tractus civitatula civitatis*). » Ce village s'appelle aujourd'hui Tréguer et anciennement Tregueder, un faubourg et un chemin de faubourg suppose une ville voisine. Comment Keris a-t-il disparu ? C'est un mystère historique, mais après les ravages que les ras de marée ont produit au Japon, en ces derniers temps, il n'est pas téméraire de

dire que Keris, bordé par les flots de Sein, au milieu de
terres volcaniques (1), a pu subir le même sort que les villes
japonaises. Quoi qu'il en soit, ses habitants étaient de hardis
« Transnageurs du Raz ». Quels étaient les étrangers avec
lesquels ils entretenaient le principal de leur commerce ?
C'étaient surtout les Provençaux ; et les Provençaux ont
pu leur apporter, en même temps que leurs richesses
vénales, le culte de sainte Anne (2).

Une tradition constante dit, en effet, que lorsque Lazare,
Marthe et Marie furent chassés de la Judée, ils emportèrent
avec eux le corps de sainte Anne, sur un bateau sans
rames, ni voiles, ni gouvernail, et qu'ils abordèrent le lendemain à Marseille. Le corps précieux ne resta pas cependant à Marseille, il fut transporté à Apt, et voici comment
le Bréviaire aptésien, dans l'office concédé, fait le récit de
son invention miraculeuse :

La sainte Église d'Apt a toujours vénéré le corps de
sainte Anne, mère de la bienheureuse Vierge Marie, que,
d'après une antique tradition, les premiers fidèles ont
apporté dans cette ville. Le bienheureux Auspice, voulant
le soustraire aux profanations de la guerre et de la persé-
cution, l'enfouit avec soin dans une crypte souterraine. Il
y demeura ignoré plusieurs siècles après la mort de ceux
qui eurent le secret de ce dépôt sacré, et jusqu'à l'arrivée
du Roi Charles, à Apt (3), vers les fêtes de l'âques, après
sa victoire sur les Sarrasins et la pacification de la Pro-
vence. Ce prince ayant fait alors consacrer de nouveau
l'église, souillée par un culte impie, au milieu de cette

---

(1) Le bois de Névet abonde en peroxydes et surtout en sesquioxydes
de fer, dont les uns atteignent le poids de quatorze kilogrammes et
reproduisent, en dépression, la flore de l'époque, qui d'ailleurs n'a pas
varié depuis. La ligne éruptive s'étend du Nord au Sud-Ouest.

(2) Les Bretons comme les Provençaux sont de race Aryenne :

  Ma race aux longs cheveux est fille de l'Asie.

             (Brizeux.)

(3) L'empereur Charlemagne.

solennité, pendant qu'un immense concours de fidèles, de tous les ordres de la cité, payait au Tout-Puissant un juste tribut de louanges en action de grâces de cette faveur inattendue, le Seigneur, exauçant la prière de cette pieuse ville, découvrit par un éclatant miracle le trésor qu'elle possédait à son insu.

« Dans l'assistance se faisait remarquer, par sa pieuse attitude, le fils d'un noble guerrier, chez lequel le Roi Charles recevait l'hospitalité. Cet enfant, âgé de quatorze ans, se nommait Jean ; il était aveugle, sourd et muet de naissance. Pendant quelques moments, il paraît comme un homme qui entend un céleste avertissement, et, bientôt après, par les gestes expressifs de ses pieds et de ses mains, il semble demander avec instance, qu'on fouille profondément la terre sous les degrés où il se trouve. Le religieux prince, frappé, comme toute l'assemblée, de ce spectacle, et pressentant comme un prodige, ordonne qu'on se rende aux désirs de cet enfant. On creuse et on pénètre dans la chapelle souterraine, où le bienheureux Auspice, l'Apôtre des Aptésiens, avait coutume de distribuer à ses ouailles la nourriture spirituelle de la parole sainte et des sacrements. Le jeune aveugle devance les assistants, montre la direction à suivre, et indique du geste la partie d'un mur, au pied duquel il fallait encore creuser le sol. Mais là, une lumière soudaine enveloppe les assistants. A peine ont-ils ouvert une crypte encore plus profonde, qu'ils trouvent, à leur grande surprise, près de l'excavation, une lampe tout ardente. Le Roi et les principaux habitants accourent à l'éclat de cette splendeur inattendue. Mais voici que, recevant l'usage de ses yeux, de ses oreilles et de sa langue, Jean s'écrie : « Dans cette crypte est le corps « de sainte Anne, mère de la très-sainte Vierge Marie, « Mère de Dieu. »

« Tous les assistants, plongés dans la stupeur et l'admiration à la vue de la guérison miraculeuse de Jean, fon entendre des cris de bonheur. Cependant le très pieux Roi fait déblayer la crypte, et le dépôt sacré, dont un prodige éclatant vient de proclamer si haut l'authenticité, apparaît à tous les regards, enfermé dans une châsse de cyprès, enveloppé d'un riche suaire. Il portait cette inscription : *Ici est le corps de la Bienheureuse Anne, mère de la Vierge Marie.*

» On ouvre la châsse, et en confirmation du récent prodige, il s'en échappe le plus suave des parfums, dont la douce odeur remplit l'une et l'autre crypte. Tous alors se livrent à des transports d'allégresse. L'Évêque et son Clergé rendent des actions de grâces au Dieu auteur de cette miraculeuse invention, au Dieu qui vient de révéler le vénérable corps de l'Aïeule du Christ, et de le donner à la ville comme sa défense et sa sauvegarde. Charles fit faire le récit exact de cet événement et l'envoya au Souverain Pontife, qui le confirma par son approbation. »

Cette pièce, qu'on croyait perdue, et dont l'absence, au dire de quelques critiques sévères, laissait planer quelque doute sur l'exactitude de tous ces détails, a été dernièrement retrouvée et publiée. Toutes les découvertes historiques de ce siècle confirment donc pleinement cette légende du Bréviaire aptésien.

Le récit de tels faits était bien propre à frapper l'esprit de nos marins. La mer est grande et la barque est petite, et Celle dont la puissance menait au port, sans rames, ni voiles, ni gouvernail, devait naturellement devenir leur Patronne, et l'on s'expliquerait qu'aux portes d'Is, Guénolé ait élevé un sanctuaire à cette Patronne ; mais il fallait que son culte fût connu, car l'Église catholique n'agit pas comme l'aréopage d'Athènes, elle a la genèse vraie de ses dévotions et n'a point d'autel pour ce qui est ignoré.

Quoi qu'il en soit, c'est en ce pays de l'orzay qu'existe aujourd'hui le sanctuaire si vénéré de sainte Anne.

Ce pays de Porzay (car il faut remarquer que la dénomination de Porzic s'applique, dans les anciens actes, à un territoire beaucoup plus étendu que celui de la paroisse de Plonévez-Porzay), lors de l'invasion romaine, avait dû à sa position retirée de rester le dernier refuge des Druides, ennemis acharnés de la domination étrangère. Dans leurs différentes révoltes, ils y concentrèrent leurs forces, et l'histoire raconte que les derniers rebelles furent écrasés à peu de distance, dans les montagnes d'Argol. Néanmoins, les Gallo-Romains s'établirent partout le long de la baie de Douarnenez, et aujourd'hui encore, on y rencontre à chaque pas, des traces de leur passage.

Les Celtes avaient cependant conservé, vis-à-vis d'eux, leur nationalité propre et leurs chefs de tribus.

Dans les premiers temps de leur conversion, les sanglantes cérémonies de Teutatès, auxquelles ils avaient pris part dans les forêts de Ménéhom, étaient présentes au souvenir des nouveaux convertis, et pour les soustraire aux sollicitations des Druides, il fallait user d'une grande prudence en les conviant aux cérémonies du culte catholique. Comme les missionnaires d'aujourd'hui, les apôtres d'autrefois, dès qu'ils en avaient les moyens, bâtissaient leur oratoire ou transformaient un temple païen en église du vrai Dieu. La tradition, en cet endroit, dit que l'oratoire fut bâti ou transformé sur la Palue, et dédié à sainte Anne, *la grand'mère du bon Dieu et des Bretons*. Nous ferons ici, en nous appuyant sur l'histoire, une remarque dont on a trop peu tenu compte dans l'étude des antiquités bretonnes. Bien que la conversion des Armoricains ne remonte guère qu'au ivᵉ siècle, et qu'à cette époque il y eût des saints, d'origine romaine ou italienne, très vénérés dans l'Église, nous ne rencontrons dans ce pays aucun sanctuaire qui leur ait été dédié. La raison de ce fait nous paraît être que les Romains ayant toujours été considérés comme des envahisseurs par les clans armoricains vaincus, mais nullement soumis, essayer d'établir chez eux le culte de saints appartenant aux vainqueurs par leur naissance, leur patrie ou leurs alliances, eût été une faute grave de la part des premiers apôtres de l'Armorique. Cela les aurait posés en émissaires de l'étranger et aurait nui à leurs travaux apostoliques. Le culte des saints Hébreux d'origine est donc, croyons-nous, le plus ancien en Bretagne, comme celui de sainte Anne, de la Sainte-Vierge, de la Madeleine, de sainte Marthe, des trois Marie, des saints apôtres Pierre et Paul, de saint Nicodème, etc. ; il suffit pour s'en convaincre, de consulter les anciens bréviaires bretons antérieurs à saint Pie V, les anciens Pouillés de Bretagne et les Notices paroissiales conservés aux évêchés de Rennes et de Quimper. Après eux, la vénération nationale mit les premiers prédicateurs de la foi sur les autels. Cette considération peut expliquer l'origine de beaucoup de dévotions, surtout si on peut l'appuyer sur des faits précis et particuliers, comme nous allons le faire pour Sainte-Anne de la Palue.

« Ne déplaçons ni nos saints, ni leurs œuvres, et aimons à savourer le parfum de leur sainteté, là où ils ont vécu », a écrit de Montalembert ; cette parole nous semble avoir son application, en ce qui concerne Sainte-Anne de la Palue. C'est, en effet, dans le voisinage, que les premiers anachorètes bretons eurent leurs ermitages. La situation topographique du pays s'y prêtait admirablement. Si les officiers romains retrouvaient, comme nos modernes touristes, dans la splendeur de la baie de Douarnenez, un terme de comparaison avec la baie de Naples, et si, maîtres du littoral, ils y gardaient leurs établissements à main armée, il est également vrai que le vaste hémicycle fermé de tous côtés par des montagnes et gardé à l'intérieur par des tribus franches et libres, offrait un asile assuré à ceux qui voulaient fuir le bruit du monde et rechercher la solitude. A une petite distance du terrain de la Palue, saint

Primel avait choisi le désert où s'élevait sa cabane et où il se délassait des fatigues de son apostolat, par la prière et la lecture des Saints Livres.

A une lieue à peine, saint Corentin était miraculeusement nourri par la Providence, dans les landes du Ménéhom, en attendant le moment où il serait appelé à fonder le siège épiscopal de Quimper.

Se dérobant à tous les regards, au sein de la forêt de Névet, qui a donné son nom à la paroisse de Plonévez-Porzay (ainsi que le porte un ancien bénitier conservé dans cette église) et dont la Palue fait actuellement partie, saint Ronan accomplissait des merveilles, de pénitence et de mortification (dans son ermitage tourné au couchant, en face de la grande mer), comme nous l'apprend sa légende bretonne. Dire que sa vie y fut sans angoisses, serait nier l'histoire trop connue de l'illustre Kében, qui pourrait être la patronne de beaucoup d'ennemis de la cause de Dieu. N'oublions pas que sur le versant Nord-Ouest de la montagne du Ménéhom, se jetaient en ce moment, les fondements d'un monastère, qui devait être célèbre entre tous, dans les annales du diocèse de Quimper.

II

Grallon et Guennolé, voilà deux noms que l'histoire ne peut séparer. Le moment est venu de consulter les cartulaires de cette célèbre abbaye. Nous lisons à la page 151 de la première livraison du *Cartulaire de l'abbaye de Landévénec*, publié pour la Société Archéologique du Finistère, par Arthur de la Borderie, membre de l'Institut :

« DE LA TRIBU OU TRÈVE DE *Lan-Sent* (1).

« Ensuite existait un certain homme du nom de Uuarhenus, lequel était noble et conseiller en même temps qu'échanson du roi Grallon. En sa maison était Grallon, roi des Bretons, quand vinrent à lui les envoyés du roi des Francs nommé « Charles-le-Grand » (2). Ils furent trois envoyés : voici leurs noms : Florent, Médard, Philibert, trois hommes pleins de religion envers Dieu, choisis par Dieu et désignés d'avance pour être députés vers Grallon, afin de le prier, au nom du Dieu tout-puissant, du Fils et du Saint-Esprit, de la chrétienté et de son baptême, de venir au plus tôt soulager les Francs de leur opprobre, de leur captivité et de leurs misères, parce que puissance lui était donnée par Dieu de détruire la gent païenne, par le glaive du Seigneur, et par vœu et serment ; ils lui promirent quatorze cités en la terre des Francs et le lui jurèrent par ordre du roi, et celui-ci (Grallon) promit de se mettre en marche à cause du serment prêté à lui et à sa race en éternelle hérédité. C'est pourquoi étaient présents saint *Chourentinus* et le même saint *Uuinuualoœus* pour entretien et conseil du roi. Moi, *Uuarhenus*, homme craignant Dieu, me recommande à saint *Uuinuualoœus* avec tous les miens, c'est-à-dire mon corps, mon âme et mon esprit et mon hérédité, devant les témoins susdits.

« Moi, Grallon, roi, j'affirme ceci à saint *Uuinuualoœus* en repos éternel. *Amen.* [Fol. 147.] Et, qui voudrait rompre ou diminuer le dit acte soit maudit et damné par le Dieu du ciel. *Amen.* »

---

(1) Gurdestin donne ici le nom usité à son époque, comme il qualifie de saints les personnages présents à l'entrevue et déjà vénérés à ce titre. Quel était le nom primitif ? Peut-être *Canigellou*. C'est en effet le nom d'un kyppe à triple enceinte situé devant le *Lan-Sent* actuel. Ce poste militaire aurait été occupé par l'intendant de Grallon.

(2) Le nom de Charlemagne intercalé en cet endroit est une interpolation de copiste et n'a pas d'autre valeur.

Où se trouve cette tribu de *Lan-Sent* ?

Rapprochons de cette charte le passage suivant du mémoire de M. de Blois, établissant, devant la Cour de Rennes, les droits de la Fabrique de Plonévez :

« La commune de Plonevez-Porzay, l'une des plus étendues et des plus peuplées de l'arrondissement de Châteaulin, était placée, avant 1790, sous la mouvance de plusieurs fiefs.

« Les religieux bénédictins (1) de l'abbaye de Landevenec n'y possédaient que la moindre partie de ces droits. Ils avaient pour tout bien, sur ce territoire, huit villages à titre de *domaine congéable* (2), savoir : Le Nergoz, Camezen, Penfrat-Bras, Penfrat-Bihan, Keraveo, Bridan, Treguer et Creach-Levren ; plus, quelques censives, qui étaient assises sur des parcelles de terre voisines de ces mêmes villages.

« Ces villages, comme on le remarquera sur le plan des lieux, forment un demi-cercle autour d'un vaste canton de lande, sur lequel s'élève la chapelle de Sainte-Anne. Cette lande, qu'on nomme *la palue de Sainte-Anne*, donne, du côté opposé à ces villages, sur les grèves de la baie de Douarnenez. La chapelle est fort modeste comme monument ; mais elle est le lieu de la plus nombreuse et plus célèbre assemblée patronale que solennisent les populations du Finistère. Les offrandes que les fidèles y déposent ont été de tout temps le revenu le plus important de l'église paroissiale de Plonevez-Porzay. »

Or, il se trouve précisément que ces huit villages for-

---

(1) La règle de saint Benoît fut établie à Landévennec, par charte de Louis Le Débonnaire, en 850. Avant cette époque, Landévennec était une sorte de *Laure* où les uns suivaient la vie commune, les autres la vie érémitique. *(Sicut Ægyptii monachi, cartulaire, folio 32, p. 73.)*

(2) Le domaine congéable a été transporté d'outre-mer, par les Bretons émigrés. C'est l'explication de la signature régalienne, à tous les actes de donations de Landévennec. Cependant, le domaine congéable a subi, dans la pratique, deux inflexions : la première fut amenée par l'erreur des millénaires et l'invasion des Normands, qui déterminèrent ce qu'on a appelé le désert de l'an mil ; la seconde fut provoquée par le partage de terres promis aux bandes de Duguesclin, après ses campagnes d'Espagne.

ment la trève ou quartier de Lansent, ainsi encore dénommé en Plonévez-Porzay.

Rappelons, en outre, que saint Guénolé avait sa chapelle à Lausent, et, par acte du 26 Juin 1518, nous voyons messire Herlé de Quélen, nommer Pierre Dagorn, curateur de la chapelle de Saint-Guénolé de Lansent. .(*Curatorem capellæ santi Guengalæi fani sanctorum*) (Archives.)

Ne sont-ce point là, à des siècles de distance, deux actes de propriété identiques ? Lansent n'a pas changé de place, les moines n'ont pas cessé de posséder. A quelle époque donc faire remonter cette donation ? Rien de plus facile à établir, par la Charte et l'histoire : Les envoyés du roi des Francs viennent trouver Grallon et implorer son secours, au nom « de la chrétienté et de son baptême ». Ce roi des Francs était donc baptisé et sa demande postérieure à 496, époque du baptême de Clovis. D'autre part, ses envoyés ont eu leur entrevue avec Grallon avant 506, par cette raison que Grallon est mort en 505. C'est donc en cet espace de dix ans qu'il faudrait placer l'érection du premier sanctuaire. Il fut élevé en face de la mer qui l'engloutit, et l'on appelle encore aujourd'hui le chemin qui y conduisait « le chemin de sainte Anne perdue, *hent santes Anna gollet* ».

Cet ensemble de documents n'apporte-t-il pas une confirmation à la légende ? Nous ne saurions mieux répondre qu'en citant les paroles d'un critique éminent :

« Vaudrait-il mieux, dit M. Guizot, qu'aucun souvenir ne fût venu jusqu'à nous et que l'histoire n'eût commencé qu'au moment où la société aurait possédé des érudits capables de soumettre cette histoire à leur critique, pour en assurer l'exactitude. A mon avis, il y a souvent plus de vérité à recueillir dans ces récits où se déploie l'imagination populaire, que dans beaucoup de savantes dissertations. » (*Coll. des Mém.*, t. XXIX, préf.) Ces paroles d'un protestant pourraient souvent servir de leçon et de médiation à des historiens catholiques.

III

Nous avons établi la légende qui fait remonter à la fin du ɪᴠ° ou au commencement du ᴠ° siècle de notre ère, la dévotion à sainte Anne de la Palue.

Examinons à présent la partie de son histoire qui s'appuie sur des dates certaines. On lit à ce sujet dans le *Dictionnaire de la Bretagne*, par Ogée :

« Il y a, en Plonévez-Porzay, trois chapelles. La principale, dite Sainte-Anne de la Palue, est une jolie nef qui porte la date du xɪɪɪ° siècle. Au-dessus de la porte principale, on lit, en effet, la date de 1230. La tour serait de 1419, si l'on s'en rapportait à l'inscription que l'on voit à son côté sud. Cependant, il est impossible d'admettre que cette construction remonte aux époques dont elle porte les dates, et il faut croire qu'ayant été bâtie en remplacement d'une ancienne chapelle, on lui a conservé les dates des différentes époques de celle-ci. Aussi, voit-on dans les ornementations, des pierres qui, évidemment, sont d'un style antérieur et semblent provenir de la première construction ; on croit que c'est vers 1630 qu'on a élevé l'édifice actuel. Quoi qu'il en soit, une statue en granit, placée dans l'intérieur de la chapelle et représentant sainte Anne, porte la date de 1548. La croix du cimetière est de 1653. »

Telle est la notice consacrée par les annotateurs d'Ogée à l'histoire de Sainte-Anne de la Palue. Elle est bien précieuse, car elle nous a conservé les dates que portait l'ancien édifice. Par une regrettable négligence, lors de la dernière démolition, pour la construction de la vaste chapelle actuelle, on a égaré ou détruit ces dates ; mais leur constatation dans un ouvrage publié plusieurs années avant leur disparition suffit à l'histoire. (OGÉE, *Deniel, éd., Rennes, 1853.*)

Nous ne partageons pas l'opinion des archéologues précités sur la date de la construction de la chapelle. Il est constant que le premier oratoire de saint Guénolé a disparu. La tradition locale dit qu'il fut enseveli par les sables, et cette hypothèse n'a rien qui étonne celui qui connaît les lieux et a vu, au fond de l'anse de Tréfuntec, ces blancs tertres de sable léger que le vent exhausse sans cesse en y apportant le fruit de ses rafales et qui, de loin, ressemblent aux tentes d'un campement abandonné. Ils ont entendu parler de cette première chapelle : mais pourquoi lui attribuer une variation de dates qui doit appartenir aussi bien à la chapelle qu'ils avaient sous les yeux ? La vérité nous semble être que la chapelle fut construite en 1230 ; puis, selon les malheurs des temps et l'affluence des pèlerins, elle aura été agrandie et, à cet agrandissement, chaque époque aura mis son cachet. Les annotateurs d'Ogée ont affirmé de l'édifice entier ce qui n'appartenait qu'à une réparation dernière, à un nouvel agrandissement justifié par les guerres intestines et les ravages de la Ligue en Bretagne, en même temps que par le réveil du culte de sainte Anne, au commencement du XVIIe siècle. Deux preuves en existent : la succession des dates à un intervalle trop rapproché pour que chacune suppose une nouvelle reconstruction et aussi la diversité remarquée par tous dans l'architecture du monument.

Est-il admissible, en effet, que deux cents ans après la première construction faite en 1230, c'est-à-dire en 1419, on ait recommencé ce travail pour le recommencer encore deux cents ans après, vers 1630. Trois chapelles successives en quatre cents ans ? Assurément non !

D'un autre côté, le style de la chapelle n'était pas le même dans toutes les parties. L'abside, très surbaissée, était percée de petites fenêtres étroites, basses, à plein cintre, et dépourvues de meneaux : sorte de meurtrières comme on en voit dans les églises du xi° ou du xii° siècle. La nef, au contraire, avait des fenêtres plus larges, ogivales et coupées par un meneau, ce qui indique une époque postérieure.

Citons aussi la date du 26 Juin 1518, à laquelle « vénérable et discret messire Herlé de Quélen nommait Johan Doaré, de Penfrat-Vian, fabricien ou curateur de Sainte-Anne de la Palue : *Johannem Doare ex capite prati-minoris, curatorem Sanctæ Annæ ad Paludem.* »

La statue porte la date de 1548. Est-elle véritablement de cette époque ? Nous ne saurions le dire ; nous ferons pourtant quelques remarques sur cette statue. Elle a, dans tout le pays, la réputation d'être très vieille et on ne l'appelle que *Sainte-Anne-l'Ancienne* (*Santez-Anna-Goz*).

Elle représente sainte Anne d'après l'idée des vieilles peintures des premiers temps de l'Église, assise dans une sorte de chaire ou de fauteuil ; la Sainte-Vierge est devant elle, et sa mère lui montre dans les Saintes-Écritures cette prophétie : « *Ecce Virgo concipiet et pariet filium* : Voilà qu'une vierge concevra et enfantera un fils. » La sculpture en est toute primitive : elle n'a pas ce relief des formes qui est un des caractères de la statuaire du siècle de François Ier dont elle porte la date : c'est le type camard des madones rustiques du Moyen-Age, qui semblent plutôt dessinées grossièrement sur la pierre que fouillées dans le bloc par le ciseau du sculpteur. Malgré cela, cette statue a servi de type pour une grande partie des statues de sainte Anne que l'on trouve dans les églises des diocèses de Cornouaille, de Léon et de Tréguier. Il faut même remarquer que c'est le seul modèle que nous retrouvions dans nos antiques églises paroissiales. La beauté de la statue dépendait du talent de l'artiste, mais tous les autres modèles sont plus modernes.

Quoi qu'il en soit de ces remarques, une conclusion s'impose par cette succession des dates que nous avons citées : « 1230, 1410, 1518, 1548, 1630. » C'est que la dévotion à sainte Anne a continué sur la Palue, depuis le commencement du XIII° siècle, soit dans un sanctuaire unique, soit dans plusieurs sanctuaires successifs : ce sont les pierres elles-mêmes qui nous l'affirment.

L'historien bénédictin, Dom François Plaine, dans son étude sur le culte de sainte Anne en Bretagne, après avoir raconté les origines de Sainte-Anne d'Auray et la destruction de la chapelle de Keranna, à l'époque des guerres qui éclatèrent, à la fin du VIII° siècle, entre les Francs et les Bretons ; après avoir constaté, d'après les révélations de sainte Anne à Nicolazic, en son apparition du 16 Mars 1625, qu'il s'était écoulé 925 ans entre la destruction de l'oratoire et ce jour de l'apparition, Dom Plaine, disons-nous, se pose cette question : « Maintenant, que devint le culte de sainte Anne après les guerres dont nous venons de dire un mot ? Se maintint-il avec fidélité ? Ne fut-il point momentanément interrompu ? La réponse à ces questions dépasse nos forces. Il n'est pas douteux cependant, que si de longs siècles s'écoulèrent avant que l'oratoire en question, ainsi renversé et profané ne fût réédifié et ne sortît de ses ruines, il en fut autrement du souvenir de cette première prise de possession par sainte Anne du sol armoricain. Ce souvenir se conserva fidèlement à travers les âges, il paraît être devenu le principe d'abondants fruits de vie et de salut. »

Nous venons de voir que Sainte-Anne de la Palue a sa légende contemporaine de celle de Sainte-Anne d'Auray. Nous venons d'établir également que le culte de sainte Anne était florissant dans ce sanctuaire, 400 ans avant la découverte de la statue de Sainte-Anne d'Auray, par Nicolazic, en 1625 ; et nous croyons ne pas nous tromper, en disant que le culte de sainte Anne n'a jamais cessé sur la Palue, qu'il s'est répandu de là dans toute la Basse-Bretagne, que cette grande œuvre est l'une des gloires de l'ordre bénédictin. Chacun sait, en effet, que les moines de Landévennec étaient des enfants de saint Benoît. A l'époque des apparitions du Champ-de-l'Épine, il y eut, à Sainte-Anne de la Palue, comme dans tous les autres sanctuaires de sainte Anne, une recrudescence de ferveur et de dévotion. Un simple regard jeté sur l'histoire de notre pays, nous convaincra facilement, que le réveil de la dévotion envers sainte Anne préserva la Bretagne du Protestantisme.

Lorsque le Protestantisme voudra envahir la Bretagne, il trouvera, auprès de Sainte-Anne de la Palue, un terrible ennemi. Pendant vingt-cinq ans, Michel Le Nobletz le combattra à Douarnenez, et de Douarnenez le grand missionnaire enverra son disciple et successeur, le Père Maunoir, combattre au pays de Vannes l'hérésie envahissante, et, chose bien remarquable, lorsque ce dernier découvrit l'hérésie de la *Montagne* (1), il sut que l'une des principales prescriptions de la secte était de détruire le culte de sainte Anne et de saint Corentin ; on ne devrait jamais les invoquer, mais toujours les exécrer. D'ailleurs, les apparitions du Champ-de-l'Épine n'ont été qu'une réponse de sainte Anne aux protestants qui niaient le culte des Saints.

---

(1) L'hérésie de la *Montagne* était une sorte de sabbat infernal, présidé par un hideux monstre qui se faisait rendre un culte.

IV

Il eût été certes bien intéressant de connaître les principaux miracles opérés dans la Palue. Les Pères Bénédictins de Landévennec, qui, tous les ans, assistaient aux fêtes fixées au dernier dimanche d'Août, devaient avoir, dans leurs annales, des notices bien curieuses sur ce point. Mais la tourmente révolutionnaire a tout emporté. Seuls, quelques souvenirs assez difficiles à préciser, tant ils ont été embellis par l'imagination populaire, servent d'aliment aux causeries des veillées. Le fond de ces récits consiste dans l'énumération des actes de protection multiples et variés accordés par sainte Anne à ses marins bretons contre les flottes anglaises.

Le seul document écrit qui nous reste à ce sujet, est un cantique très ancien. M. de Mesmeur voulait qu'il fût du XVII⁰ siècle, et peut-être l'œuvre du Père Maunoir, et il appuyait sa critique sur l'orthographe d'une édition très ancienne qu'il possédait. Il est du moins certain qu'il est antérieur à la Révolution française : nous en avons la preuve dans le titre même, c'est le « *guerz* de sainte Anne la Palue en l'évêché de Cornouaille ». Plus loin, à l'occasion d'un miracle opéré en la paroisse de Ploudaniel, l'auteur remarque que c'est au diocèse de Léon. Ce *guerz* est donc antérieur à la réunion de ces deux évêchés en un seul, et conséquemment antérieur à la Révolution. C'est une propriété de la maison Le Goffic, de Lannion, qui est, comme on le sait, la plus ancienne imprimerie de Bretagne.

Vers 1848, on a fait quelques retouches et ajouté quelques couplets à ce cantique, pour y insérer les faveurs accordées à Sainte-Anne de la Palue par Grégoire XVI, et comme il était de mode à cette époque, on y a défiguré la langue bretonne.

Voici, d'ailleurs, les miracles cités dans ce *guerz* :

Un jeune prêtre de Plougastel, depuis trois mois n'avait pu dire la messe ; on lui conseilla de venir à Sainte-Anne et, en arrivant à la Palue, il se sentit guéri et put célébrer le saint sacrifice.

Une jeune personne des environs de Pont-l'Abbé, minée par la fièvre, vint à la Palue, après une neuvaine faite à sainte Anne, et devant une foule de personnes, fut subitement guérie.

Un navire traversant le Raz de Sein, fut surpris, entre les deux mers, par les vents et les courants. Ballotté de tous côtés, il ne lui restait aucun espoir de salut. Alors, le capitaine, homme pieux, fit avec ses marins le vœu d'aller à la Palue, et, par la protection de Dieu et de sa *grand'mère sainte Anne*, ils purent rentrer à Brest, malgré le danger, le cœur plein de joie et de reconnaissance. Et, en témoignage du miracle, on les vit au pardon suivant, nu-pieds, en corps de chemise, chacun un cordon de cire à la main, venir remercier leur protectrice.

Un jeune homme de Brest avait perdu la vue des suites de la petite vérole ; lui aussi vint à Sainte-Anne ; une messe fut dite à son intention, et il recouvra la vue.

En l'évêché de Léon, dans la paroisse de Ploudaniel, une jeune fille fut attaquée par un chien enragé à la porte de sa maison ; à la vue de la bête furieuse, elle se mit à crier : « O sainte Anne la Palue !... » Et par une permission de Dieu, le chien sauta sur une pierre qu'il couvrit de sang et d'écume et où il se brisa les dents.

Beaucoup d'autres miracles ont été faits, dit le *guerz*, je ne puis les énumérer. Sainte Anne écoute nos prières sur terre et sur mer, et les témoins pour le dire ne manquent pas en Cornouaille, ni en Léon. Ils abondent à Douarnenez, au Cap-Sizun, à Penmarc'h, à Pont-l'Abbé, Quimper, Landerneau et Brest, et aux quatre coins du pays.

Ce *guerz* est chanté sur la Palue par tous les chanteurs ambulants. En effet, huit jours avant le pardon de Sainte-Anne de la Palue, c'est une levée générale des loqueteux du pays. Ils s'en vont de ferme en ferme, chantent leur *guerz*, rappelant le grand pardon. On les retient, on les interroge, on les consulte même, et il est curieux de rapprocher de nos mœurs actuelles ces passages des commentaires de César, où il dépeint les mœurs des Gaulois. « Il est de coutume, chez les Gaulois, d'arrêter les voyageurs et de les interroger chacun sur chaque chose qu'il a pu entendre ou connaître ; puis, ils se rendent dans les villes, et les assemblées et forcent les marchands, qu'ils entourent en foule, à dire d'où ils viennent, où ils vont et quelles nouvelles ils apportent. D'après ces récits, souvent trompeurs, ils prennent des décisions en affaires graves, dont ils ont plus tard à se repentir. » (*De bello gallico, lib. IV, cap.* v.)

Ne croirait-on pas lire une description des assemblées de nos jours, et cette confiance dans les forains, dont on a à se repentir, a-t-elle diminué?... Hélas !!!

V

Dans le courant du XVIIe siècle, le culte de sainte Anne subit sur la Palue diverses fluctuations. Jean Feburier, qui fut nommé recteur de Plonevet-Porzié, de 1657 à 1665, négligea le pèlerinage, à tel point que, en 1660, on ne nomma même point de curateur. Mais son successeur, Jean-Corentin Billuart, docteur en théologie, releva complètement le Pardon, et quand il mourut, en 1700, le culte de sainte Anne était rétabli à la Palue, dans toute sa splendeur.

Mais voici venir la Révolution française ; c'est ici que nos Bretons vont montrer leur fidélité.

L'hospitalité bretonne jouit d'une réputation déjà bien ancienne : Celui qui est devenu l'hôte des Bretons a droit à toutes les immunités, même au milieu des discordes qui peuvent les diviser. Comme nous l'avons vu, sainte Anne de la Palue était devenue, depuis des siècles, l'hôte des Bas-Bretons et leur patronne, et ils devaient lui garder fidélité, même au péril de leur vie. Le curé de Plonévez-Porzay ayant prêté serment à la Constitution civile du clergé, vit son vicaire se séparer de lui. L'abbé Le Garrec, spécialement chargé du service de la trève de Kerlaz, chercha un asile dans la paroisse. Il en trouva facilement, car nos populations ne voulaient nullement de cette foi bâtarde qui n'était plus celle de leurs pères et que les prêtres patriotes essayaient vainement de leur inoculer. Expilly, le citoyen évêque du Finistère, le constatait déjà en Novembre 1792, dans une lettre pastorale, qui est un monument d'iniquité, mais qui contient de précieux aveux ; « La disposition des esprits est telle, dit-il, que si vous négligez l'instruction des enfants, avant dix ans vous ne trouverez plus de religion dans votre paroisse. » L'abbé Le Garrec, avec deux autres prêtres restés fidèles comme lui, fut accueilli par la population de Plonévez avec la plus grande affection, et, nous ont raconté des vieillards, sauf devant les gendarmes, il pouvait être plus hardi que le prêtre assermenté.

Cependant, les autorités républicaines du district avaient fait fermer l'église de Kerlaz et toutes les autres chapelles de la paroisse. Seules, l'église paroissiale, réservée au curé assermenté, et la chapelle de Sainte-Anne étaient restées ouvertes. Personne n'avait osé se charger de fermer la chapelle. Alors l'abbé Le Garrec et ses compagnons se retirèrent dans les environs de la Palue pour exercer leur ministère. Le jour, ils demeuraient cachés, tantôt dans une ferme, tantôt dans une autre, et le soir, à la tombée de la nuit, ils sortaient de leur retraite. A cette heure aussi, de tous les coins du pays, arrivaient les dévots pèlerins : les prêtres entendaient les confessions, baptisaient les enfants et célébraient la messe, vers minuit. Puis on se séparait heureux d'avoir prié ensemble, et au point du jour, la Palue était encore absolument déserte.

Cela dura près d'un an ; au bout de ce temps, les gendarmes reçurent l'ordre d'aller la nuit à la chapelle pour disperser les réunions et surtout pour essayer de s'emparer de l'abbé Le Garrec. La première fois qu'ils y arrivèrent, ils ne trouvèrent personne : avertis de leur arrivée, les pèlerins s'étaient dispersés. Les gardes républicains, furieux, se mirent alors à parcourir toutes les fermes du voisinage et vers midi, le lendemain, ils arrivèrent au manoir de Keryar. L'abbé Le Garrec y était depuis la veille avec deux de ses compagnons. Ils n'eurent, au moment de l'entrée des gendarmes, que le temps de se sauver par une fenêtre de derrière et de gagner une meule de foin creusée exprès pour les recevoir.

Les gendarmes, ayant trouvé dans la maison l'autel sur lequel ces dignes prêtres avaient célébré la messe, ce jour même, déclarèrent qu'ils mettraient le feu à la maison, si on ne leur livrait ceux qu'ils cherchaient.

Une femme se trouvait seule dans la maison et préparait la bouillie pour les moissonneurs. A cette menace des gendarmes, elle répondit tranquillement : « Vous pouvez le faire si cela vous agrée, c'est le meilleur moyen d'appeler du secours. » Cette remarque si simple et si héroïque effraya les pourchasseurs de prêtres. Ils se mirent à fouiller de nouveau la maison, et n'y trouvant personne, ils s'en furent sonder les moules de foins avec leurs piques, et dans ce cruel exercice, blessèrent même les trois prêtres ; mais le foin essuyait le sang des piques quand on les retirait et le silence gardé par leurs victimes ne permit pas aux gendarmes de constater leur présence.

Après avoir ainsi échappé, ces dignes confesseurs de la foi continuèrent leur ministère dans les environs, mais ce n'était pas sans danger.

D'un autre côté, se voyant menacés, les habitants du pays et les pèlerins arrivaient de nuit à Sainte-Anne, bien armés. Un certain Gannat dit le *Noir (ar Gannat du)*, ancien veneur des seigneurs de Moüllien et habitant la maison qui leur servait de rendez-vous de chasse dans la Palue, organisa la défense. Quand, la nuit, les gendarmes se présentaient, au coup de sifflet donné par Gannat, on voyait les touffes de lande s'agiter. A côté de chacune se dressait un homme qu'on entendait armer son fusil dans le silence de la nuit.

Cela suffisait pour faire tourner bride aux agresseurs ; mais ceux-ci ne pouvant plus pénétrer dans la Palue se portèrent le long des chemins pour attendre les pèlerins ; quand ils rencontraient un homme seul, ils le rouaient de coups. Ils s'attaquaient même aux femmes qu'ils frappaient et outrageaient ; mais dès qu'ils voyaient les hommes par bandes de trois ou quatre, ils avaient bien soin de se retirer ou de ne point donner signe de vie à leur passage.

Devant ce nouveau genre d'agression, Gannat organisa une autre défense. Il laissait les gendarmes pénétrer dans la Palue, où, à un signal donné, ils étaient cernés par une bande d'hommes armés de fusils. On les gardait ainsi à vue jusqu'au matin, et quand les pèlerins étaient déjà loin, on les laissait partir, après leur avoir fait jurer qu'ils n'attaqueraient séparément aucun de ceux qui les avaient tenus prisonniers, sous peine d'être eux-mêmes fusillés, sans miséricorde, à la première occasion.

Nous avons entendu à ce sujet conter le fait suivant : La première fois qu'il les garda de la sorte, Gannat, le matin, avant de les laisser partir, voulut donner aux gendarmes une preuve de son adresse : Il abattit successivdment au vol quinze oiseaux : au seizième coup de fusil, il manqua ; se tournant alors vers les prisonniers : « Si, dit-il, au lieu d'un oiseau, j'avais eu devant moi un gendarme, je n'aurais pas manqué. » Et là-dessus, il les congédia. Furieux d'avoir été ainsi traités, les gendarmes ne voulurent pas rentrer chez eux, sans avoir au moins essayé de s'emparer de l'abbé Le Garrec et de ses compagnons. Aux environs du village de Brélar, ils apprirent d'un petit pâtre que monsieur le vicaire, *qui n'était pas citoyen*, on désignait ainsi l'abbé Le Garrec, avait passé par là pour se diriger du côté des bois de Korangal. Ils partirent immédiatement à sa recherche et l'eussent probablement saisi, car la rosée abondante du matin permettait de suivre sur l'herbe la trace de ses pas. Ils arrivèrent ainsi jusqu'au milieu des bois ; mais là, ils rencontrèrent une bande de bûcherons et de sabotiers. Dès qu'ils virent les gendarmes, ces braves gens qui avaient partagé un instant avant leur morceau de pain avec le prêtre, sautèrent sur leurs haches ; ils entourèrent les gendarmes et leur firent comprendre aisément qu'il était dangereux de chasser les prêtres sur ce terrain. Puis, après les avoir désarmés, ils leur lièrent les mains derrière le dos, leur mirent aux pieds des pilons de hêtre et les hissèrent sur leurs chevaux qu'ils laissèrent en liberté.

Pendant quelque temps les choses durèrent ainsi. Les gendarmes, tantôt chassant, tantôt chassés, faisaient, comme ils l'appelaient eux-mêmes, *leur vilaine besogne.* Ils purent cependant se saisir de quelques-uns des compagnons de l'abbé Le Garrec. C'est ainsi qu'un Père Capucin, originaire de Keradeun, en Plonévez, fut rejoint par eux, une nuit, en revenant de voir un malade, et, sur la fin de 1793, fut déporté à Rochefort.

Cette capture causa une grande émotion dans le pays. Ce religieux jouissait, en effet, d'une grande réputation de sainteté. En 1786, prêchant le carême à Plonévez, il avait annoncé tous les événements de la Révolution et surtout un fait qui étonna tout le monde : l'extinction de la famille de Moëllien et le déboisement de leurs propriétés : faits qui se sont réalisés, depuis, à la lettre.

On était au plus fort de la Terreur ; les Jacobins du district, voyant l'impuissance des gendarmes, eurent recours à un autre moyen.

La route nationale de Quimper à Lanvéoc passe par Plonévez et à peu de distance de Sainte-Anne. Alors comme aujourd'hui, les détachements de soldats allant de Brest ou de Quélern à Quimper et réciproquement, passaient par Plonévez ; on les mit en réquisition pour empêcher les pèlerinages.

C'était en 1794. Cette année, le jour du grand pardon, on entendit tout à coup vers midi des coups de fusil du côté du village de Trefuntec. Les soldats arrivaient, et pour préluder à l'attaque des pèlerins, ils s'amusaient à briser à coups de fusils la croix dite de *Camézen.* On les vit bientôt apparaître tout armés sur les hauteurs qui, de ce côté, dominent la Palue ; mais à l'aspect des milliers de pèlerins, armés en grand nombre, ils eurent peur et se retirèrent après leur acte de vandalisme.

Cependant les pèlerinages partiels de cinq à six cents personnes devenaient difficiles dans ces conditions. Les soldats républicains étaient souvent plus nombreux et bien armés, de sorte que l'abbé Le Garrec et ses confrères furent obligés d'user de précautions et les pèlerinages devinrent moins fréquents de 1794 à 1796. On voulait, à tout prix, éviter des collisions qui fussent devenues désastreuses.

On se mit donc en mesure, autant que possible, de savoir d'avance les jours de passage des troupes. Un habitant de Plonévez, que tout le monde connaissait sous le nom de *Potr Jouenn Keriéquel*, parcourait chaque semaine le pays, depuis la montagne de Telgruc jusqu'à Quimper, et rentrait avec toutes les nouvelles. Il savait toujours, à coup sûr, le moment du passage des *bleus*. Quand le pays était libre, le soir on se rendait à Saint-Anne, et, après la messe qui se disait à minuit, chacun se retirait.

Ces pratiques furent bientôt connues du comité Jacobin et il résolut d'y mettre un terme. On avertit donc de nouveau les soldats de poursuivre plus rigoureusement les *fanatiques* et l'on imagina de nommer à Plonévez un maire responsable. Comme toujours la difficulté fut d'attacher le grelot. On ne trouvait personne. Les raccoleurs de maire avaient beau se montrer aimables, chacun savait trop bien qu'il serait impossible d'arrêter l'élan de la population vers Sainte-Anne. Un jour arriva à Plonévez un détachement chargé de trouver un maire. Ils descendirent chez Laurent Guizouarn, et là trouvèrent un nommé Lautrou qui, après plusieurs rasades, s'amusait à chanter, un papier à la main. Pour s'acquitter de sa mission, l'officier commandant se dit qu'il fallait à tout prix en faire un maire. Il fut généreux et il le régala de nouveaux petits

verres. Puis, quand il le crut suffisamment ivre, il le cei-
gnit de l'écharpe municipale. La vue de cette écharpe
dont on l'entortillait dégrisa notre homme. Il prétexta un
besoin de sortir : on lui donna deux soldats pour l'accom-
pagner. Ils marchèrent quelque temps ainsi, et, Lautrou,
profitant d'un détour de la route, sauta lestement dans un
champ, et se mit à courir le plus rapidement possible ;
mais, entendant les soldats l'appeler, il se jeta parmi les
blés déjà presque mûrs. Les soldats firent feu, mais sans
résultat, ne connaissant pas l'endroit où il se trouvait.

Bien qu'on ne pût trouver un maire à Plonévez se char-
geant d'empêcher le pèlerinage, il était pourtant difficile
d'aller à la Palue. C'était un triste temps, avons-nous
entendu répéter souvent à des vieillards ; c'était un triste
temps où l'on ne pouvait même pas prier le bon Dieu chez
soi. Le soir, des espions circulaient écoutant aux fenêtres
si l'on disait les prières en commun, et bientôt après on
était dénoncé et il fallait payer une forte amende quand
on n'était pas conduit en prison.

Ce fut en 1795 qu'eut lieu le premier pardon républicain
qu'on appela le « pardon des citoyens ». Le citoyen curé
de Plonévez fit le pardon avec un fort concours de gendarmes. Pour être admis au pardon, il fallait avoir son certificat de civisme, et des hommes avaient été placés aux
entrées de la Palue, qui avaient ordre de ne laisser pénétrer que sur la présentation de ce certificat. Il y eut beaucoup de monde, mais le pardon fut triste, car les bons
prêtres n'étaient pas là. Ils étaient plus traqués que jamais.
Ils ne pouvaient plus dire la messe que dans les fermes.
Souvent même, ils la disaient en bateau sur la baie de
Douarnenez. Ils avaient dans le pays un émissaire chargé
d'avertir la population de l'endroit où ils se trouveraient.
Voici la manière dont se prenait ce brave homme du nom
de Kernöï. Dans la soirée, Kernöï prenait son tambour et
parcourait le pays comme une sorte d'inspiré, criant à qui

voulait l'entendre, que les Anglais allaient la nuit suivante opérer une descente à tel ou tel endroit de la côte. Chacun le prenait pour un fou ; mais les catholiques connaissaient le mot d'ordre. Le soir, tout armés comme pour s'opposer au débarquement, ils arrivaient à l'endroit indiqué : un fanal s'allumait sur la mer et faisait le signal convenu ; un autre fanal répondait de la côte, et à cet appel, les prêtres catholiques venaient accoster, au péril de leur vie, pour voir les malades, baptiser les enfants et bénir les mariages.

Les promeneurs et les touristes qui aujourd'hui visitent en si grand nombre, les grottes du Rî, ne se doutent pas que ce sont autant de sanctuaires où le Dieu, chassé de son tabernacle, venait chercher asile ; c'est là, qu'arrivaient les fidèles, et dans ces nouvelles catacombes, de nouveaux confesseurs de la foi, que le martyre ou la prison ou l'exil attendaient demain, consolaient, instruisaient et administraient leurs ouailles. Que sainte Anne nous préserve de ces jours de malheur !

On était au commencement de 1796. Partout ailleurs, on avait mutilé les croix, décapité les statues des saints, on avait vendu les églises ; à Sainte-Anne, rien de cela ne s'était encore fait. La vénération était si grande que personne n'eût osé toucher au sanctuaire. Les biens de Landévennec avaient été confisqués et vendus, mais nul n'avait songé à la Paluc. C'était la propriété de sainte Anne, la terre des saintes bénédictions de la bonne patronne et nul ne l'avait inquiétée jusqu'en ce moment. Cependant, au mois de Février de cette année 1796, un garde-côte de la pointe de Tréfuntec, osa demander qu'on mît en vente la chapelle et le terrain qui l'avoisinait, d'une étendue d'environ trois cents arponts. La motion de ce misérable trouva un écho et la chapelle fut mise en vente ; aussitôt on s'empressa d'enlever de la chapelle ce qu'il y avait de plus précieux. Nous avons entendu dire à des vieillards, que la croix de procession en or massif aurait été enfouie dans la Palue non loin de la fontaine ; si cela est, c'est un trésor perdu.

Malgré ces précautions, beaucoup de richesses furent enlevées. Les ornements de l'église et des chapelles de Plonévez, avec un monceau d'habits brodés et de tentures armoriées, et trois charretées de titres et aveux venant de Mœllien et de Névet, furent brûlés à l'endroit appelé *Coat-an-Toul-Mengleuz*. Il est désolant de lire dans les comptes des anciens curateurs et marguilliers de Plonévez, le relevé de toutes ces richesses qui ont aujourd'hui complètement disparu, grâce au vandalisme révolutionnaire.

Cependant aucun acquéreur ne se présentait, malgré la mise en vente de la Palue. Du mois de Mars au mois de Juillet, le Comité des ventes de biens nationaux avait proposé le marché à plusieurs, et toujours sans résultat. Enfin, le 27 Juillet, se présenta Cosmao, du village de Lingué, en Quéménéven. La Palue et la chapelle de Sainte-Anne lui furent adjugées pour une somme de 1,650 livres, avec un délai de six mois pour en opérer le paiement. C'était au lendemain de la fête de Sainte-Anne, et les pèlerins bravaient tout et venaient toujours plus nombreux.

L'époque du grand pardon approchait également. On signifia à Cosmao, qu'en sa qualité de propriétaire, il était responsable des actes d'incivisme et de superstition qui se passeraient chez lui. On lui enjoignit de fermer la chapelle et de transporter au district le mobilier et tous les objets ayant servi au ci-devant culte catholique. On mit donc en réquisition un certain menuisier de Locronan, nommé Pierre Le Lann *(al Lannic Coz)*, pour transporter le mobilier et surtout la statue de Sainte-Anne. Ce digne homme refusa net. « J'irai, dit-il, chasser sainte Anne de chez elle, mais elle y retournerait demain ! Elle aime trop la Palue. » Dès qu'on sut, dans les environs, les desseins du comité, les *corn-boud* se firent entendre de tous les côtés et quelques hardis compagnons s'en furent sonner le tocsin à Sainte-Anne. Devant cette démonstration hostile, on eut peur et l'on décida de fermer la chapelle, mais de ne pas toucher surtout à la statue miraculeuse.

Cosmao, devenu acquéreur, était fort gêné de son acquisition ; l'époque du grand pardon approchait, qu'allait-il faire ? La chapelle était fermée ; on le traitait de toutes les épithètes, et cependant il ne voulait pas perdre l'occasion d'un petit bénéfice. Il résolut d'aller, sur la croix du cimetière, tendre son chapeau aux pèlerins, et, pour mieux réussir, il y alla d'une proclamation. Quoique écrit dans le style ampoulé de l'époque, ce factum est l'œuvre d'une plume exercée. Le voici :

François Cosmao à ses concitoyens.

« A une époque où les tristes débris de l'aristocratie désespérée, forcés dans leurs derniers retranchements, font les derniers efforts pour relever le courage de leur parti expirant ; à une époque où ils n'ont d'autre ressource que l'arme usée de la calomnie ; à une époque enfin, où il ne leur reste que la criminelle espérance de ressusciter les fureurs du fanatisme qui inonda si longtemps du sang français, le sol infortuné de la Vendée, magistrat né de l'opinion publique, tout citoyen doit l'éclairer, il doit dissiper les prestiges de l'erreur, et de l'illusion qui enveloppèrent, durant tant de siècles, les simples et crédules humains.

« Parmi le grand nombre de terres incultes que renferme le département du Finistère, je voyais à regret qu'une plaine nommée *Palue de Sainte-Anne*, en la commune de Plonévez, canton de Loc-Ronan, était condamnée à la stérilité.

« Arrive la loi du 23 Ventose, an IV, je me présente au département pour y faire ma déclaration de souscrire pour l'achat de cette Palue. On refuse de l'accepter, si je n'achète en même temps l'église de Sainte-Anne, qui y est enclavée.

« Imbu des préjugés de mon enfance, j'hésite ; enfin, la raison et le zèle du bien public l'emportent, je fais ma soumission pour la chapelle et la Palue. Des experts les estiment et je deviens adjudicataire.

« Bientôt des clameurs m'assourdissent de toutes parts : « Voyez-vous, disent les ennemis de la Révolution, voyez-« vous jusqu'où les patriotes portent leur insatiable cupi-« dité ? Ils veulent s'enrichir à quelque prix que ce soit. « O sacrilège ! ils achètent des chapelles *dévotes* pour « s'approprier les offrandes qui y tombent. »

« Calmez, saintes âmes, calmez les bouillons de vos transports dévotieux ; modérez le céleste courroux ; daignez m'écouter et causons.

« Héritier des mœurs simples de mes ayeux, je ne suis point de ces hommes auxquels toutes les voies qui conduisent à la fortune paraissent légitimes. Content du toit de chaume qui m'a vu naître, je n'envie pas d'autre bien. A Dieu ne plaise surtout, que je profite d'une Révolution pour fonder une fortune scandaleusement rapide, sur la misère publique, trop de soucis accompagnent les richesses.

« Trop de remords poigneront nos nouveaux Crésus, et je veux vivre heureux et satisfait du témoignage de ma conscience. Mais mettons fin aux réflexions. Vous savez que suivant l'usage établi dans la primitive Église (et vous avouerez sans hésitation que c'est dans cette source sacrée que se trouve la Religion dans toute sa pureté) ; vous savez, dis-je, que les offrandes se divisaient en trois parties. L'une était attribuée aux prêtres, la seconde aux réparations du Temple, et la troisième s'appliquait au soulagement des pauvres (infirmes s'entend ; car pour les autres, la société ne leur doit que le prix de leur travail). Or, croyez-vous que cette destination des offrandes fût exactement remplie ? Il est, sans doute, permis d'en douter, sans encourir les foudres de l'excommunication. Otez la part des prêtres, qui avec raison ne s'oubliaient point, on eût cru que le plat où se déposaient les offrandes, était le tonneau des Danaïdes. On ne songeait aux réparations, que lorsqu'il pleuvait sur le célébrant à l'autel. Pour indemnité de leur tiers, on accordait aux pauvres la permission d'étaler le spectacle de leur misère et de leurs souffrances, et de demander l'aumône à la porte du Temple.

« Depuis la Révolution, ces deux tiers ont un emploi connu, les Municipalités s'en font rendre compte, en touchant le reliquat, et boivent à la santé du Saint.

« Moi, voici l'emploi que je ferai des offrandes dont les fidèles feront hommage à sainte Anne.

« Je retirerai d'abord ma mise, parce que cela est juste, je diviserai ensuite le produit des oblations en trois portions. J'en donnerai une aux prêtres, parce qu'il faut qu'ils vivent de l'autel, et que d'ailleurs *point d'argent, point de prêtres*. La seconde sera appliquée aux réparations de l'église qui, étant fort ancienne et battue de tous les vents, en a un fréquent besoin. La troisième, je la distribuerai aux braves défenseurs de la Patrie, dont les Phalanges triomphantes ont abaissé l'orgueil des Rois, brisé le fer des Français, et assuré le règne des lois et de la raison. Vous y aurez aussi votre part, vous, veuves et enfants de ceux de ces héros, qui en combattant pour la liberté, ont trouvé une mort glorieuse sur le champ de bataille.

« Et vous, acquéreurs des biens nationaux, qui vous gorgiez de richesses, tandis que vos généreux concitoyens bravaient les injures des temps, la faim, les privations de toute espèce, et la mort, pour vous en garantir la paisible et voluptueuse jouissance, sans doute, vous vous empresserez de suivre cet exemple. Sans doute, vous vous hâterez de réaliser pour votre compte, le projet philantrophique. Quel plaisir vous goûterez en satisfaisant à ce devoir de la justice et de la reconnaissance ! Ainsi, vous acquitterez la dette sacrée que la Patrie a contractée envers ses défensours, et que le mauvais état des finances ne permet point de remplir. Ainsi, vous légitimerez vos fortunes, dont la malignité voudrait empoisonner la source. Ainsi, vous imiterez les Romains que vous vous êtes proposés pour modèles, ce peuple-roi dont le vrai républicanisme avait pour base la justice, la bienfaisance et le désintéressement.

« Signé : F. COSMAO. »

L'histoire ne dit pas les succès de Cosmao ; il comprit qu'il avait affaire à trop forte partie.

Le citoyen Cosmao avait six mois pour payer son acquisition ; il termina paisiblement sa récolte, et, le 3 Vendémiaire, an V de la République une et indivisible (28 Septembre 1796), il se rendit au marché de Châteaulin, ayant dans sa charrette deux veaux, trois douzaines d'œufs et un morceau de cire jaune pesant trois livres et un quart. Il vendit le tout 1.813 livres en assignats, et s'empressa d'aller au district acquitter la dette de Sainte-Anne ; car il avait suffisamment d'argent, je veux dire de papier, pour le faire ; même il devait lui en rester suffisamment pour payer l'écurie de son cheval, une goutte ou deux, et garnir sa blague de tabac.

Tout ayant été réglé, le citoyen Cosmao prêta serment de fidélité à la République ou la mort, et partit avant la nuit, le cœur content et la bourse vide.

Le pays était alors infesté de Bleus, de Blancs et de Chauffeurs. Il avait à craindre la rencontre des Bleus, qui l'accusaient d'avoir acheté la chapelle, pour la rendre plus tard aux cléricaux ; les Blancs lui en voulaient, parce qu'il avait acheté un bien national appartenant à l'église ; et les Chauffeurs, qui sortaient chaque soir de Quimper pour courir la campagne, ne cherchaient que l'occasion de lui mettre les pieds sur la poêle rouge, pour lui faire déclarer où il cachait son argent.

Sept ans après cette acquisition, le 3 Septembre 1803, la

Révolution n'étant pas encore entièrement terminée, François Cosmao, habitant Le Linguez, en Quéménéven, par
acte passé devant Me Lozach, notaire à Quéménéven, céda
la chapelle et les palues de Sainte-Anne à Pierre Cornic,
cultivateur à Trévill, et à Yves Kernaléguen, cultivateur
à Kervriel, les deux de la paroisse de Plonévez-Porzay,
moyennant la somme de 1,200 francs.

VI

Pierre Cornic et Yves Kernaléguen avaient acquis, au
nom du général de la paroisse, mais avec l'argent de
l'église. Malgré cela, la commune éleva plus tard des prétentions ; les riverains en avaient encore de plus exorbi-
tantes. Il y avait, dessous toutes ces machinations, un
triste personnage, et il a fallu toute l'énergie de M. Pouchous, alors recteur de Plonévez, pour résister à toutes les
calomnies, les attaques dirigées contre lui. Il perdit un
premier procès à Châteaulin, mais il en appela à Rennes,
et là, sur un mémoire de M. de Blois, qui est un chef-d'œuvre de jurisprudence et de logique, la Cour lui donna
raison. Nous ne croyons pas le moment venu de raconter
en détail toute cette affaire. Les noms sont portés de trop
près, et la honte rejaillirait trop vivement. Citons, cependant, deux documents (1), qui prouvent l'acuité de la lutte :
Le premier est une lettre adressée à M. le Sous-Préfet de
Châteaulin, et le second est la réponse de M. Pouchous :

____

(1) Archives de Plonévez-Porzay.

« Plonévez-Porzay, le 12 Juillet 1840.

« *A Monsieur le Sous-Préfet de Châteaulin.*

« MONSIEUR LE SOUS-PRÉFET,

« Nous avons l'honneur de vous informer qu'une usurpation de terrain communal vient d'être tentée, si non consommée, par le sieur Pouchoux, prêtre desservant de la commune de Plonévez-Porzay. Cette commune possède un terrain vague et déclos connu sous le nom de Paluc de Sainte-Anne, et situé sur le bord de la mer, à l'Est de la Baie de Douarnenez.

« Ce terrain, qui est d'une étendue superficielle d'environ cent cinquante hectares, a fait le sujet d'un long procès entre le sieur Pouchoux et quelques habitants de la commune qui, depuis un temps immémorial, y faisaient paître leurs bestiaux et notamment leurs moutons.

« Le sieur Pouchoux a eu gain de cause, et nous avons appris qu'il vient de vendre la Paluc de Sainte-Anne à un marchand de Quimper, pour la somme de 24,000 fr., payable dans dix-huit ans, avec intérêt de trois pour cent par an.

« C'est un profit net pour le desservant ou pour l'Eglise, car le terrain ne lui avait rien coûté. Voici comment il est parvenu à s'en emparer : La Paluc de Sainte-Anne fut vendue nationnalement, avec la chapelle qui s'y trouve, à un nommé François Cosmao, cultivateur du pays, pour la somme de seize cents francs, suivant contrat émané de l'administration centrale du Finistère du 9 Thermidor an IV.

" « Le sieur Cosmao disposa de la chapelle et l'exploita à son profit pendant quelques années ; mais il n'éleva aucune prétention sur la Paluc, dont les propriétaires riverains conservèrent la jouissance et même la possession, comme ils l'avaient avant la vente nationale.

« En l'an XI, le sieur Cosmao céda purement et simplement aux sieurs Cornic et Kernaléguen, alors officiers
municipaux de la commune de Plonévez-Porzay, et *faisant
tant pour eux-mêmes que pour les autres habitants de la
commune*, tous ses droits et prétentions à la chapelle et à
la Palue de Sainte-Anne, ainsi que cela résulte d'un acte
notarié en date du 16 Fructidor an XI, enregistré à Châteaulin, le 28 du même mois (3 Septembre 1803).

« Depuis cette époque, la chapelle de Sainte-Anne est
restée à la disposition du clergé de la paroisse, qui en
retire un revenu de quatre à cinq mille francs par an, au
moins.

« Les propriétaires riverains avaient conservé la jouissance de la Palue, comme par le passé ; mais, depuis 1828,
le clergé n'a rien négligé pour les en déposséder, les armes
de l'Église, les pieuses fraudes ont été vainement employées
pendant quelques années.

« En 1834, le sieur Pouchoux qui avait été nommé desservant de la commune, l'année précédente, ayant su que
le sieur Cosmao avait subrogé les sieurs Cornic et Kernaléguen dans l'effet et teneur du contrat national de l'an IV,
s'est adressé aux héritiers de ces derniers et après avoir
mis l'un d'eux, qui est trésorier de la Fabrique, dans sa
confidence et dans son intérêt, il a, sous divers prétextes,
réuni la majeure partie des autres dans son presbytère, le
25 Mars 1834 ; quelques jours après on a vu paraître un
acte notarié portant que *les héritiers Cornic et Kernaléguen
qui y sont dénommés, ont vendu purement et simplement
la chapelle, la fontaine, la Palue de Sainte-Anne au sieur
Alain Pouchoux, prêtre desservant de la commune de
Plonévez-Porzay, pour la somme de douze cents francs* qui,
d'après le même acte, aurait été payée par l'acquéreur aux
vendeurs le dit jour et hors la présence des notaires. C'est
en se prévalant de cet acte de vente que le sieur Pouchoux
a fait condamner les propriétaires riverains à lui délaisser

la possession et la jouissance de la Palue de Sainte-Anne qu'il vient de vendre pour 24,000 fr. au sieur Puech de Quimper.

« On nous a dit que la Palue de Sainte-Anne et même la chapelle appartenaient à la commune de Plonévez-Porzay, nous avons consulté un homme de loi qui nous a répondu que la vente consentie au sieur Pouchoux par les héritiers des sieurs Cornic et Kernaléguen en 1834 « doit être con-« sidérée comme nulle et non avenue, à l'égard de la com-« mune, attendu que les sieurs Cornic et Kernaléguen, « ayant déclaré dans l'acte du 16 Fructidor an XI qu'ils « agissaient et stipulaient tant pour eux que pour les « autres habitants de la commune, n'ont pu transférer à « leurs héritiers un droit exclusif à la propriété des Palues « qui ont été achetées pour le compte de la commune et « payées de ses deniers; les principes qui ne permettent « pas aux communes d'acquérir sans autorisation ne sont « établis qu'en leur faveur, parce qu'elles sont réputées en « état de minorité et ne peuvent, par conséquent, être « opposés que par elles ou en leur nom dans leur intérêt.

« Le jugement qui a été rendu par le Tribunal de Châ-« teaulin au profit du sieur Pouchoux contre les riverains « ne peut être opposé à la commune puisqu'elle n'était pas « en cause, et que les riverains ont plaidé pour eux-mêmes « et n'ont pas même argumenté du droit de la commune. « La commune n'a pas, jusqu'à présent, perdu la posses-« sion de la Palue de Sainte-Anne, puisque ce terrain sert « tous les ans à la tenue des foires et à celle de plusieurs « autres réunions ou assemblées civiles ou religieuses « composées, en grande partie, des habitants de la com-« mune et dont la dernière a eu lieu dans le mois de Mai « dernier. »

« La commune a donc possession et titre. Vous savez, M. le Sous-Préfet, que la commune de Plonévez-Porzay n'a ni mairie, ni maison d'école, ni même un logement pour l'instituteur communal, elle n'a d'autres ressources que les centimes communaux qui sont insuffisants pour ses besoins. Le clergé de la paroisse est riche et opulent et nous pensons que si on lui laisse encore la jouissance de la chapelle dont il retire un si bon revenu, il devra être satisfait.

« Nous vous prions donc, M. le Sous-Préfet, de vouloir bien faire ce qui sera nécessaire pour empêcher le sieur Pouchoux ou ayant-cause d'usurper la Palue de Sainte-Anne, et pour mettre le terrain à la disposition de l'autorité municipale.

« Nous nous adressons à vous, M. le Sous-Préfet, parce que nous pensons que notre Maire ne voudrait pas contrarier le clergé pour défendre les intérêts de la commune.

« Nous avons l'honneur d'être, avec respect, vos très humbles et obéissants serviteurs.

« Les soussignés, membres du Conseil municipal et habitants de Plonévez-Porzay.

> « Signé : BIDAN, BIDAN, D., DANIÉLOU, LOUBOUTIN, LE MAO, Yves JAÏN, LOUBOUTIN, Gilles, Joseph FERTIL, FLOCH. »

> « Plonévez-Porzay, le 23 Août 1846.

« MONSIEUR LE MAIRE,

« La meilleure réponse à faire à l'écrit qui a été adressé à Monsieur le Sous-Préfet de Châteaulin, serait de l'exhiber à la Justice, qui appliquerait à ses auteurs les peines portées aux articles 373, 374 du code pénal ; mais ce mode de réponse n'est nullement de mon goût, comme vous le savez. Outre cela, je vois dans cet écrit une signature fausse ; car le sieur Gilles Louboutin ne sait pas écrire et signe fort mal. Vous pourriez trouver sa vraie signature dans les délibérations faites pour les subsides à prélever pour la maison d'école, et vous pourrez facilement confronter les deux manières de signer.

« Je vais maintenant répondre à cette inconcevable pétition : il est vrai, je n'ai pas entre les mains les pièces nécessaires pour le faire sans réplique ; mais elles se trouvent toutes chez M. Guermeur, avoué à Châteaulin. D'abord, voici une phrase qui a été écrite, je ne sais ni quand, ni par qui, mais elle est claire et précise, je vais la copier :

« A la renaissance du culte en France, lorsqu'il fut permis
« de célébrer de nouveau les saints mystères de la religion
« catholique, exilée dans des jours de trouble et de dis-
« corde civile, on sentit le besoin de recouvrer cette pro-
« priété (les Palues de Sainte-Anne) : on s'adressa au
« sieur François Cosmao ; mais les Fabriques n'existaient
« plus, elles ne furent rétablies que postérieurement. Alors
« les nommés Pierre Cornic et Yves Kernaléguen se pré-
« sentèrent pour stipuler au nom de tous les habitants de
« la paroisse de Plonévez-Porzay, et, par contrat au rap-
« port de Lozach, notaire à Quéménéven, en date du
« 16 Fructidor an XI, Cosmao les subrogea dans son acqui-
« sition. Le prix de cette vente fut soldé des deniers de
« l'église : c'est un fait notoire. Le Conseil municipal l'a
« reconnu, d'une manière formelle, dans sa délibération
« du 4 Mai 1829. Les héritiers Cornic et Kernaléguen ont
« fait la même déclaration. » (Projet de délibération de la
Fabrique de Plonévez-Porzay.)

« Voici mes observations : 1° Pierre Cornic était chargé des cueillettes de Saint-Mélian (église paroissiale), et Yves Kernaléguen de celles de la Clarté ; 2° ils ont stipulé, au nom de tous les habitants de la paroisse et non de la commune, ce qui est bien différent ; 3° ils ont payé des deniers de l'église et non de la commune ; de plus, M. Lozach m'a dit, plus d'une fois, que les Fabriques n'existaient pas au moment où il rédigea cet acte, il ne trouva alors que le seul moyen de le rédiger. J'ai lu la délibération de la commune, dans un extrait en forme, et aussi la déclaration des héritiers Cornic et Kernaléguen ; toutes ces pièces sont antérieures à mon arrivée à Plonévez, qui n'eut lieu qu'en Mars 1832. J'ai dû examiner à fond cette affaire, et j'ai remarqué que, pour procéder légalement, la Fabrique avait besoin d'une ordonnance royale, pour la mettre en possession de ce bien. Je l'ai sollicitée, par l'intermédiaire d'un condisciple à mon père, et le Ministre d'alors le lui promit.

« M. Guermeur possède encore la preuve du reste de ces faits ; mais le dossier de cette affaire ayant été retenu trop longtemps dans les bureaux de la Préfecture, je devais changer de batterie, pour ne pas laisser prescrire, car le moment de la prescription était déjà arrivé : je dis aux héritiers Cornic et Kernaléguen de faire eux-mêmes les poursuites légales, ils s'y refusèrent ; mais ils proposaient un acte de vente, ce qui les mettait hors d'embarras. Je leur désignai alors certains hommes, aussi probes à mes yeux que l'étaient à la première époque, les Cornic et Kernaléguen ; mais tous refusèrent, en me disant que j'étais le seul à devoir prendre cette charge. Je voulus consulter mon Évêque, avant de condescendre à leurs désirs, et, par obéissance, j'ai accepté ce lourd fardeau. J'ai, jusqu'ici, conduit cette affaire de mon mieux, et j'aime à croire que je la conduirai à bonne fin, dès qu'on cessera de me faire de mauvaises chicanes. Si les riverains l'avaient voulu, le Gouvernement aurait déjà approuvé ma donation ; mais comme l'affaire a toujours été débattue, une donation en forme était impossible. Elle existe, mais elle est toujours chez le notaire.

« Voilà, Monsieur le Maire, plus qu'il n'en faut pour répondre à cette pétition.

« Agréez, Monsieur le Maire, l'assurance de tout le respect que vous porte votre très humble et très obéissant serviteur.

« *Signé* : Pouonoux, recteur. »

VII

Aujourd'hui, la Paluc est restée propriété indemne des réclamations de la commune. Disons, à la gloire de M. Pouchoux, que lorsque son légataire universel eut tout réglé, *lui*, le chef du clergé « opulent et riche de Plonévez », laissait juste trente-deux francs d'héritage personnel.

Cependant, un ornement a été enlevé à la Paluc. C'est le beau rocher qui dominait la baie, et du sommet duquel on jouissait d'un magnifique panorama. L'un de ceux qui nous ont fourni une grande partie des notes qui concernent l'époque de la Révolution, dit à ce sujet : « Il a disparu mon beau rocher : à minuit j'ai eu l'honneur et le bonheur d'être baptisé à son ombre par l'abbé Garrec. Des vandales l'ont détruit ; que la terre leur soit lourde ! »

****

Et maintenant, pages écrites avec toute l'affection d'un fils pour la plus aimée des mères, partez sous son égide !

Puissiez-vous déterminer au cœur de tous une plus grande expression d'amour pour la Reine et Patronne de nos cantons ! Puissiez-vous amener chaque jour plus nombreux les fils, là, où pendant des siècles, se sont agenouillées les générations de leurs pères, dans la vie et la foi !

Illuc enim ascenderunt tribus, tribus Domini ; testimonium Israel ad confitendum nomini Domini. (Ps. 121.)

Quimper, impr. DE KERANGAL.

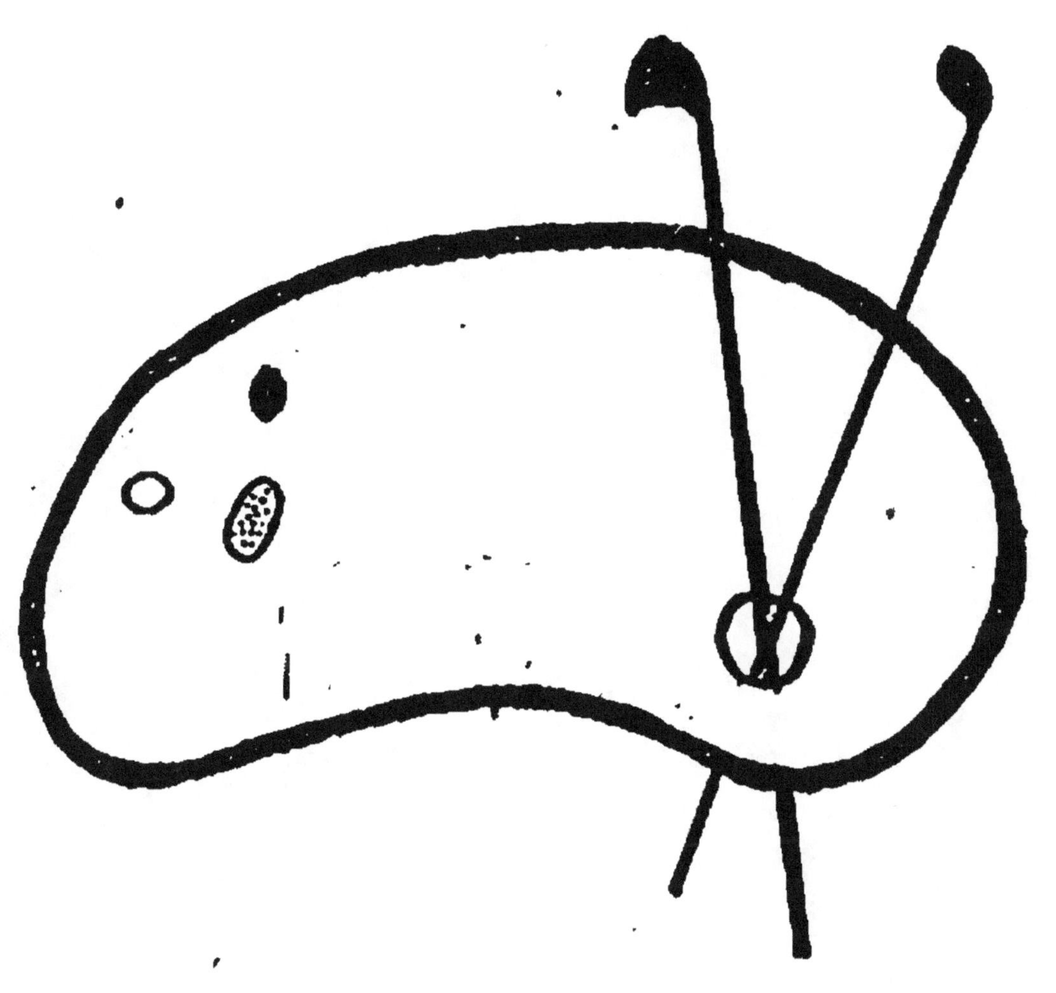

ORIGINAL EN COULEUR
NP Z 43-170-8